AF332840

NOTE

A Monsieur
Hommage affec...
Mathieu Mieg

SUR

L'EXPLOITATION DU BITUME

EN ALSACE

MESSIEURS,

Parmi les richesses minérales de l'Alsace, le bitume est connu et exploité depuis fort longtemps sur plusieurs points de l'arrondissement de Wissembourg; mais ce n'est que dans les premiers mois de l'année 1882 que des sondages heureux, exécutés à Pechelbronn, ont mis à jour d'importantes masses d'huile, liquide comparable en tous points au pétrole d'Amérique. Ayant eu l'occasion de visiter à deux reprises cette intéressante région, je me suis proposé de résumer brièvement pour la Société industrielle les impressions que j'en ai rapportées. Qu'il me soit permis d'abord d'exprimer ici tous mes remercîments à M. Le Bel, de Pechelbronn, et à son ingénieur, M. Birckel, ainsi qu'à M. Müller, gérant des mines de Lobsann, pour la façon toute gracieuse dont j'ai été reçu dans ces différents endroits. Je parlerai successivement des mines de Pechelbronn et de Lobsann et terminerai par quelques mots sur les sondages exécutés en dehors de ces concessions vers Haguenau et vers Wissembourg.

La région du pétrole en Basse-Alsace est connue par les travaux de Voltz et de Daubrée, ainsi que par les récentes notices de M. Birckel, sur la mine de Pechelbronn. Un géologue allemand, M. A. Andreæ, s'est également occupé de cette région dans son dernier travail sur le tertiaire d'Alsace, paru dans le *Jahrbuch für Mineralogie*.

Les mines de Pechelbronn sont situées à un kilomètre des Vosges, à mi-chemin entre Wœrth et Soultz-sous-Forêts, dans une contrée accidentée où les champs et les prairies alternent avec les collines aux sommets boisés. Une source, dont les eaux légèrement chargées de bitume venait sourdre dans un pré situé auprès d'une de ces collines, est l'origine de Pechelbronn. Ce nom n'est en effet que la corruption du mot allemand Pechbronn, source de poix. Cette source était déjà connue au xve siècle, car Wimpheling en fait mention dans un ouvrage publié en 1498. D'après lui, le bitume qui surnageait dans le ruisseau découlant de la source était utilisé par les paysans du voisinage pour des usages médicaux, pour le graissage des voitures, ainsi que pour l'éclairage. En 1719, un médecin grec, Eryn d'Eryniss, distilla le bitume; après lui, M. de la Sablonnière, originaire du Val-Travers, commença l'exploitation des sables bitumineux par puits et par galeries. La concession des mines de Pechelbronn fut accordée en 1763 à M. Achille Le Bel, le bisaïeul des propriétaires actuels, qui entreprit l'exploitation sur une plus grande échelle; depuis lors elle s'est continuée avec plus ou moins de succès, selon la richesse des veines rencontrées.

Le sable bitumineux exploité à Pechelbronn forme des veines étroites et allongées qui se trouvent au milieu de masses d'argile, de marne et de grès, de teinte généralement grisâtre, parfois brun vif, appartenant aux formations tertiaires. Ces roches contiennent du calcaire et de la pyrite qui se trouve disséminée dans certaines argiles où elle cause rapidement la perte des boisages. Un fait à noter, c'est que les veines de sable bitumineux sont sensiblement parallèles entre elles et présentent une direction sud-est à peu près perpendiculaire aux Vosges. Les veines bitumineuses de Pechelbronn et de Lobsann se rencontrent au milieu d'importantes formations, soit lacustres, soit d'eau saumâtre, appartenant à l'oligocène inférieur recouvertes à Lobsann par des marnes à fossiles marins et foraminifères avec végétaux appartenant à l'oligocène moyen ou tongrien supérieur dont elles empruntent le caractère mixte. Il est probable qu'à l'époque tertiaire il existait le long des Vosges, entre Haguenau et Wissembourg, un vaste bassin tertiaire occupé successivement par un lac, puis par des lagunes bordées de vastes forêts, dont les lignites de Lobsann et les nombreuses traces végétales qui se rencontrent dans les formations marneuses sont encore les témoins.

Le bitume comme le lignite est-il d'origine végétale? La fermentation des matières organiques fournies par les forêts tertiaires a-t-elle pu lui donner naissance? Cette hypothèse ne se concilie pas facilement avec le fait de la pression considérable des gaz qui accompagnent l'huile. Ou bien faut-il attribuer au bitume une origine minérale en rapport avec les failles qui ont affecté les terrains tertiaires de la contrée? Nous laissons à d'autres, plus compétents que nous, le soin d'élucider cette question encore si controversée de l'origine du pétrole.

La fabrication du bitume à Pechelbronn a subi plusieurs phases. Les anciens travaux, abandonnés aujourd'hui, fournissaient un sable pauvre en bitume (2 à 4 °/₀ maximum), que l'on se contentait primitivement de faire bouillir dans l'eau pour en extraire le bitume qui se vendait comme graisse de voiture. Ce débit devint bientôt insuffisant, et on se vit obligé de distiller le bitume pour le transformer en huile de graissage. Cette fabrication s'est successivement perfectionnée et continuée jusqu'à aujourd'hui, mais avec des bitumes beaucoup plus riches que l'on exploite depuis une dizaine d'années au sud des anciens travaux, près du village de Merckwiller et à une profondeur beaucoup plus considérable (100 mètres environ) au puits André, tandis que les anciens travaux ne dépassaient pas 40 à 60 mètres de profondeur. Les veines exploitées actuellement sont parfois tellement riches, que lorsqu'elles viennent à être mises au jour le bitume en découle naturellement. Ainsi, au puits Henri il est une source qui a produit au-delà de 30,000 quintaux métriques. L'exploitation souterraine se réduit actuellement au puits André; elle tend à céder la place à l'exploitation par sondages qui se pratique depuis peu d'années et qui a donné les résultats les plus encourageants. Ces sondages ont prouvé qu'il existe à Pechelbronn, au-delà de 100 mètres de profondeur, des veines étroites et allongées de pétrole liquide qui diffère entièrement des anciens produits bitumineux exploités par galeries. Ce qu'il y a de curieux, c'est que ce pétrole ne se rencontre que dans une certaine zône située à l'ouest sud-ouest des anciens travaux, le long du Ruisseau Rouge. A l'est de cette ligne les sondages n'ont donné que du gaz hydrogène carboné, de l'eau salée, et en petite quantité de l'huile lourde analogue à l'ancien bitume. Dans cette dernière zône, située du côté des anciens travaux, un sondage poussé à 165 mètres de profondeur a donné une éruption considérable d'eau salée, qui a jailli à 16 mètres de hauteur, suivie d'une violente irruption de gaz hydrogène carboné et accompagnée de projections de pierres lancées avec fracas contre les planches de la cabane abri. Au bout de trois jours, le sondage s'est bouché. Un autre sondage, fait à côté de l'ancien établissement, a été poussé jusqu'à 200 mètres de profondeur. Il fournit de l'eau salée et du gaz hydrogène carboné qui est recueilli dans une cloche à gaz pour servir aux besoins du laboratoire de M. Le Bel. Ce gaz, très riche en calorique, possède un pouvoir éclairant médiocre.

Dans le sondage exécuté en octobre 1881, le gaz hydrogène carboné s'est enflammé par suite de l'imprudence d'un ouvrier, a causé l'incendie de la cabane abri et a produit une flamme de plus de 10 mètres de hauteur. Lors de notre dernière visite, nous avons vu un trou de sonde qui fournit régulièrement une source intermittente d'eau salée et de gaz. Nous avons pu enflammer ce dernier à plusieurs reprises.

Dans la zône pétrolifère un premier sondage avait rencontré

une masse d'huile liquide qui a jailli sans interruption pendant trente heures, mais c'est le 7 avril dernier qu'un sondage, exécuté à une petite distance du premier, a rencontré, à la profondeur de 138 mètres, la plus puissante veine de bitume liquide. L'huile accompagnée d'un fort dégagement de gaz hydrogène carboné jaillit à la surface avec une pression de 14 à 15 atmosphères. Le débit de la source qui était à son origine d'environ 8 kilos à la minute, soit d'environ 11,500 kilos en vingt-quatre heures ou deux cents fûts de 180 litres, est encore actuellement de 10,800 kilos en vingt-quatre heures. L'huile liquide est provisoirement emmagasinée dans de vastes réservoirs de 13,000 mètres cubes de capacité, en attendant que les appareils destinés à la transformer en huile d'éclairage aient pu être installés.

Ainsi que nous l'avons vu précédemment, l'huile jaillit avec une pression énorme capable de vaincre toutes les résistances qu'elle rencontre sur son passage. Dans le procédé Fauvel employé à Pechelbronn pour les sondages de recherches, le foret qui attaque la roche est percé à sa base de deux orifices de 10 millimètres d'ouverture chacun, destinés au passage de l'eau injectée dans le tube pour l'entraînement des déblais. C'est par ces étroits orifices que l'huile a dû pénétrer dans le tube en suivant le chemin inverse de l'eau. Les tubes employés pour les sondages sont en fer et n'ont eux-mêmes que 23 millimètres de diamètre intérieur; on les assemble en les vissant bout à bout. Plusieurs sondages s'exécutent encore actuellement le long du Ruisseau Rouge, dans le vallon de Pechelbronn, qui a pris un aspect tout à fait pensylvanien. Deux de ces sondages ont déjà donné quelques résultats et mis au jour de nouvelles sources de bitume liquide qui surnage à la surface de l'eau salée. Quand l'huile cessera de jaillir à la surface, on fera des sondages d'exploitation comme cela se pratique en Amérique et au Caucase. Indépendamment des conditions de gisement si différentes pour les deux huiles, il existe une différence profonde d'apparence et de composition chimique entre les anciennes huiles vierges et les nouvelles. La matière bitumineuse ancienne retirée, soit du sable, soit des sources trouvées dans les nouveaux puits, est un produit extrêmement visqueux dont la densité est de 0,96 à 0,94. L'huile nouvelle, semblable à celle d'Amérique, outre qu'elle contient environ 50 % d'huile lampante, diffère encore par son apparence beaucoup plus fluide et sa densité 0,88, plus faible que celle de l'ancienne huile. Cette différence de densité se maintient dans les produits distillant à la même température et qui sont absolument différents pour les deux huiles. De plus, les anciennes huiles lourdes obtenues par distillation marquent 0,917, les nouvelles 0,895.

Actuellement la fabrication de Pechelbronn comprend uniquement l'huile de graissage, que l'on retire des huiles et bitumes extraits dans les nouveaux travaux près de Merckwiller. En combinant l'action de la vapeur à celle du feu, on obtient par distillation un produit dont la densité 0,917 à 15° permet l'emploi comme épaississant pour les huiles de moindre valeur. Outre l'huile verte, il se fabrique à Pechelbronn une qualité rafinée jaunâtre, très fluorescente, qui est en général préférée pour les besoins de l'industrie, tandis que les chemins de fer utilisent l'huile verte. Les alambics destinés à la distillation des nouvelles huiles seront montés d'ici quelques mois, et Pechelbronn pourra alors ajouter une nouvelle branche à sa fabrication, celle des huiles d'éclairage.

Les mines de Lobsann sont situées près du village de ce nom, au pied des Vosges, à 5 ou 6 kilomètres de Pechelbronn. Les grès bitumineux, qui faisaient autrefois l'objet de l'exploitation à Lobsann, ont été abandonnés depuis longtemps parce qu'ils étaient épuisés et trop pauvres. L'exploitation actuelle se fait dans des calcaires bitumineux, très sableux et beaucoup plus riches en bitume que les anciens grès. Ces calcaires bitumineux forment trois couches principales de 10 mètres d'épaisseur maximum chacune, avec intercalation de lignite et de calcaire blanc. L'exploitation du bitume se fait par galeries à des profondeurs variant de 25 à 60 mètres à cause du rejet dû aux failles secondaires qui ont affecté les couches. On pénètre dans la mine par un plan incliné de 70 mètres de long, puis les galeries deviennent horizontales. Le toit de la mine est formé, soit par le lignite, soit par le poudingue qui occupe la base des marnes de la formation tongrienne supérieure.

Le lignite présente des couches généralement peu épaisses alternant avec du calcaire blanc et des argiles. Certaines couches dont l'épaisseur atteignait 30 à 60 centimètres maximum, ont été exploitées dans le temps comme combustible pour les salines de Soultz-sous-Forêts. Ce lignite a une cassure terne et compacte; on y reconnaît encore dans certaines parties la structure interne des troncs de palmiers et de conifères qui ont contribué pour une grande part à le former. Il contient parfois du succin à l'état de grains de la grosseur d'un pois. Les galeries où s'exploite le calcaire bitumineux sont imprégnées d'une odeur sulfureuse prononcée; il y règne une température élevée variant de 32 à 34 degrés centigrades due à la décomposition et à la combustion spontanée des pyrites qui se trouvent en grande quantité dans les argiles intercalées dans les lignites. Cette combustion est souvent fort gênante et fort difficile à éteindre. Les galeries sont tapissées de magnifiques cristaux de sulfate de fer, ainsi que d'une belle variété de gypse cristallisée en longues aiguilles soyeuses. Le calcaire de Lobsann est en général saccharoïde ou lamellaire; il affecte parfois une structure pisolithique très remarquable. A l'inverse de ce qui se passe à Pechelbronn, les galeries de Lobsann ne dégagent pas de grisou. La richesse en bitume du calcaire exploité à Lobsann varie entre 10 et 17 °/₀ maximum. Au sortir de la mine il est trié, les parties les plus riches sont écrasées et broyées par le broyeur Carr et réduites à l'état de poudre fine. Le bitume s'expédie sous cette forme à Paris où il est utilisé pour l'asphaltage des trottoirs. Les parties moins riches servent à la fabrication du comprimé : le bitume, après avoir été réduit en poudre, est mélangé avec une partie de bitume de Judée pour lui donner de la consistance, puis soumis à une cuisson de douze heures, et au bout de ce temps la matière est coulée dans des moules et refroidie. Les roches impropres à ces deux fabrications sont distillées pour en faire de l'huile de graissage. Le bitume est distillé dans des cornues tournantes pour en séparer l'huile qui se recueille dans des réservoirs où elle vient se condenser. Cette huile a une densité de 950.

L'année 1882 a été marquée par une véritable fièvre de pétrole en Alsace; à la suite des heureux résultats obtenus à Pechel-bronn, des compagnies alsaciennes, françaises et allemandes se sont fondées, et des sondages ont été entrepris sur de nombreux points dans le bassin tertiaire situé entre Haguenau et Wissembourg, et même à Hirtzbach, près Altkirch, en Haute-Alsace. Des profondeurs de 250 mètres et au-delà ont été atteintes, mais en général les sondages n'ont pas donné de bons résultats. Quelques-uns plus heureux sont tombés sur des veines de bitume, et plusieurs concessions nouvelles ont été accordées depuis quelques mois. Il est toutefois peu présumable que ces nouvelles exploitations puissent jamais devenir très florissantes et prendre l'importance des mines de Pechelbronn et de Lobsann, centre du bassin où paraissent s'être accumulées les principales sources bitumineuses.

MULHOUSE — IMPRIMERIE VEUVE BADER ET Cᶦᵉ